DANIEL MOLLIÈRE

CHIRURGIEN MAJOR DE L'HOTEL-DIEU

1848-1890

SES TRAVAUX

SA VIE, SA MORT ET SES FUNÉRAILLES

LYON
ASSOCIATION TYPOGRAPHIQUE
F. PLAN, rue de la Barre, 12

1890

DANIEL MOLLIÈRE

CHIRURGIEN MAJOR DE L'HOTEL-DIEU

Daniel MOLLIÈRE

CHIRURGIEN MAJOR DE L'HOTEL-DIEU

1848-1890

SES TRAVAUX

SA VIE, SA MORT ET SES FUNÉRAILLES

LYON

ASSOCIATION TYPOGRAPHIQUE

F. Plan, rue de la Barre, 12

1890

Avec Daniel Mollière a disparu une figure originale de la chirurgie lyonnaise; cette figure revivra pour les traits dans le buste expressif de MM. Gautherin et Chapu (1), *et les quelques articles réunis ici par la main pieuse de son frère rappelleront ce que fut Daniel Mollière, ce qu'il eut de générosité dans le caractère, de bonté dans le cœur et de qualités brillantes dans l'esprit. Certes, la chirurgie lyonnaise compte assez de noms glorieux dans le passé et dans le présent pour que la disparition d'un homme, si éminent soit-il, puisse sembler ne rien laisser d'irréparable. Et cependant, quel vide subsiste encore et subsistera longtemps pour les familles qui avaient placé en Daniel Mollière leur entière confiance, et pour les collègues qui avaient pris l'habitude de compter sur ses lumières et sur son appui.*

Frappé jeune encore, en pleine activité et en pleine vie, Daniel Mollière a disparu au moment où il avait acquis cette complète autorité que donne un travail constant et une expérience déjà longue. La mort fut cruelle pour

(1) Ce buste, exécuté aux frais d'une souscription publique, doit être placé sous le grand dôme de l'Hôtel-Dieu,

lui et pour les siens en le frappant quarante ans trop tôt, mais elle lui fut indulgente en le frappant vite, en lui épargnant les longues angoisses et en ne laissant que quelques jours entre la pleine activité de cette vie et le repos complet de l'autre.

Le voyageur qui parcourt les hautes régions rencontre parfois une croix ou un amas de pierres et s'arrête là quelques instants en souvenir de celui qui, parti sous un ciel serein, plein de confiance et de jeunesse, a péri en cet endroit victime de son ardeur et des surprises de la tempête, il cherche une pierre pour l'ajouter au tumulus et s'incline devant la croix; c'est ainsi que nous avons voulu, en tête de ce faisceau d'articles consacrés à Daniel Mollière, déposer un souvenir ému et une prière.

P. Aubert.

« C'est avec une profonde douleur que nous avons appris hier matin la mort du Dr Daniel Mollière, chirurgien-major de l'Hôtel-Dieu.

« A peine âgé de quarante-deux ans, il a été ravi à l'affection des siens, à l'estime et à l'admiration de tous ceux qui le connaissaient et à la reconnaissance du nombre incalculable de malades qu'il a soignés dans nos hôpitaux.

« Il avait commencé sa carrière chirurgicale à une rude école. Pendant la guerre franco-allemande, il fut attaché à une ambulance et rendit à ce moment d'éminents services. Déjà apparaissaient en lui l'habileté, le coup d'œil, la décision prompte et la sûreté de main qui plus tard jetèrent un si vif éclat sur sa pratique chirurgicale, et faisaient dire qu'il avait des yeux au bout des doigts.

« A peine sorti de l'internat, en 1871, il fut reçu chirurgien-major de l'Hôtel-Dieu, après un concours des plus brillants. Il promettait beaucoup, et il fut à la hauteur des espérances que l'on fondait sur lui.

« Pendant ses quinze années de pratique hospitalière,

il fut toujours tout dévoué au service des pauvres, se dérangeant à toute heure et sans tarder, dès que son intervention pouvait être utile à quelque malheureux.

« Il y a un mois, il fut atteint de l'épidémie régnante. Pendant plus de quinze jours, il persista à faire son service, ne prenant presque aucun aliment et pouvant à peine marcher. Le 1er janvier, il vint pour la dernière fois auprès de ses malades, ne voulant pas priver les enfants de la distribution de bonbons qu'il leur faisait à cette occasion.

« C'est qu'il aimait ses malades, dans lesquels il voyait des frères souffrants. Il était plus qu'éminent chirurgien, il était un chrétien croyant et pratiquant.

« Non content de se consacrer à la pratique hospitalière et à sa clientèle privée, il trouvait encore le temps de faire paraître de nombreux articles dans les revues savantes et deux publications magistrales, principalement un volume de leçons de clinique chirurgicale, dont le second volume était en préparation lorsque la mort est venue l'arrêter au milieu de sa carrière.

« Samedi encore, il allait et venait, causait même gaîment, et rien ne faisait prévoir un dénoûment fatal. A son repas du soir, il prit une légère syncope bientôt disparue, puis il se coucha sans aucun symptôme bien inquiétant. A 2 heures du matin, il fut pris subitement d'une hémorrhagie intestinale, puis buccale et nasale, due à l'intoxication générale de l'organisme par l'influenza.

« Il jugea aussitôt la gravité de sa situation, fit prévenir un prêtre et reçut les derniers sacrements, envisageant sa fin prochaine avec le calme du chrétien dont la vie s'est passée à faire le bien et qui se prépare à recevoir sa récompense, se fiant à la Providence pour veiller sur la jeune famille qu'il laisse après lui.

« A 4 heures, il était mort.

« Le *Nouvelliste de Lyon,* qui avait l'honneur de compter M. Daniel Mollière au nombre de ses meilleurs amis, dépose sur la dépouille mortelle du savant et du chrétien l'expression de ses regrets sincères, et prie la famille du défunt, si cruellement éprouvée, d'agréer l'hommage de ses respectueuses et vives sympathies. »

P. B.

Nouvelliste du 20 janvier 1890.

« Nous apprenons avec regret la mort de M. Daniel Mollière, chirurgien-major titulaire de l'Hôtel-Dieu.

« M. Mollière a succombé hier matin, à 4 heures, emporté par une hémorrhagie intestinale.

« Depuis plus d'un mois, il était souffrant, atteint de l'influenza. Néanmoins, pendant près de quinze jours, il persista à faire son service, malgré la fièvre et la maladie. Chaque matin, on le voyait à l'Hôtel-Dieu, pouvant à peine marcher, et prodiguant aux autres les soins dont il avait besoin lui-même.

« Enfin, malgré l'énergie de son caractère et toute la résistance qu'il pût opposer au mal, il fut forcé de céder.

« Le 1er janvier, il vint encore dans ces grandes salles de malades, où il avait soulagé tant de douleurs et d'infortunes; son dernier acte fut une distribution de bonbons qu'il fit aux enfants de son service. Le lendemain, il était forcé de se mettre au lit.

« Bientôt son état parut s'améliorer, et, jusqu'au dernier moment d'ailleurs, rien d'alarmant ne s'était présenté qui pût faire prévoir le dénoûment fatal qui prive aujourd'hui notre ville du chirurgien le plus éminent.

« Depuis plusieurs jours il se levait; hier encore, il causait familièrement avec quelques confrères, lorsque, à son repas du soir, il prit une défaillance dont il revint bientôt; mais, dès lors, il se rendit compte de la gravité de son état. Dans la nuit, à 2 heures du matin, il fut pris de l'hémorrhagie intestinale qui devait l'emmener.

« Daniel Mollière était un catholique pratiquant; lorsqu'il vit sa fin prochaine, il prit ses dispositions dernières et reçut les secours de la religion.

*
* *

« M. Daniel Mollière n'était âgé que de quarante et un ans. Il appartenait à une vieille famille lyonnaise.

« Il avait vingt-deux ans et était interne de nos hôpitaux, lorsque la guerre éclata; il partit comme aide-major et fit toute la campagne en brave avec l'armée de la Loire.

« Reçu major à l'Hôtel-Dieu, à l'âge de vingt-cinq ans, il faisait paraître, deux ans après, un remarquable traité de chirurgie sur les maladies du rectum.

« Daniel Mollière était un homme remarquable et un esprit supérieur. Il faisait un diagnostic avec une rapidité de vues et une sûreté étonnantes; son talent comme opérateur était incontestable. Il y a trois ans, le chirurgien Labbé lui-même fut étonné de la rapidité avec laquelle il opéra devant lui un maxillaire supérieur, opération créée, entre parenthèses, par le Dr Gensoul, un parent de Mollière.

« Selon le mot d'Hippocrate, Mollière opérait *tuto, cito et jucundè*. Il était de la vieille école, de l'école des *rapides*, qualité immense avant l'invention de l'anesthésie.

« D'un abord un peu rude avec ses malades, il était plein de bonté pour eux, ne ménageant ni son temps ni ses peines; aussi était-il autant aimé d'eux qu'estimé de ses collègues.

« Comme professeur, il joignait un langage très pittoresque à une grande clarté dans l'enseignement. Tous ses élèves ont conservé de lui le meilleur souvenir; beaucoup sont demeurés ses amis.

« Daniel Mollière laisse un grand nombre d'ouvrages remarquables.

« Citons, en premier lieu, ses *Leçons de clinique chi rurgicale de l'Hôtel-Dieu,* qu'il publia en 1888 ; puis ses mémoires sur les *Hernies,* sur l'*Énucléation du globe oculaire,* sur le *Nerf dentaire inférieur* (sa thèse en 1871); sur le *Traitement du goître par le drainage au moyen de crins;* sur l'*Excision du rétrécissement de l'urèthre,* etc...

« En 1881, en faisant une amputation à une jeune fille de quinze ans, Mollière se blessa à la main. La gangrène se déclara et le Dr Létiévant dut lui faire des cautérisations au fer rouge. Gravement malade, Mollière s'inquiétait encore de sa petite malade.

« C'est à la suite de cette maladie, durant sa convalescence, qu'il fit son mémoire sur la *Gangrène gazeuse,* ayant étudié sur lui-même les progrès du mal.

« Les services rendus par le Dr Mollière appelaient une récompense. Lors de la venue de M. Carnot à Lyon, on s'attendait, dans le corps médical, à voir décorer Daniel Mollière, qui était arrivé à la fin de son majorat. Mais il n'en fut rien; Mollière ne s'occupait pas de politique.

« Son souvenir durera; car son nom restera attaché à plusieurs innovations importantes, qui ont contribué à maintenir le haut renom de la chirurgie lyonnaise.

« L'Hôtel-Dieu tout entier, personnel aussi bien que malades, déplore sa perte. Pleuré de ses parents et de ses amis, il emporte les regrets de tous ceux qui l'ont connu. »

Dr Victor Robin.

Journal l'*Express de Lyon* du 20 janvier 1890.

SOCIÉTÉ DES SCIENCES MÉDICALES

Séance du 22 janvier 1890.

M. Poncet, chirurgien-major de l'Hôtel-Dieu, annonce, comme président, à la Société, la perte douloureuse qu'elle vient de faire en la personne de M. Daniel Mollière, un de ses anciens présidents, et prononce l'allocution suivante :

« Suivant un désir qu'il avait plusieurs fois exprimé, aucun discours n'a été prononcé sur la tombe de Daniel Mollière. Dans le deuil, dans le silence nous lui avons dit un dernier adieu. Aujourd'hui sa mémoire nous appartient, et c'est bien dans cet hôpital où s'est écoulée la plus grande partie de sa vie, dans cette Société des Sciences médicales dont il fut président et où il venait si souvent, qu'il convient de parler de Daniel Mollière, chirurgien-major titulaire de l'Hôtel-Dieu.

« Dès le début de ses études médicales, il se plaçait au premier rang et enlevait de haute lutte les places et les distinctions honorifiques ; ce sera, du reste, toujours sa caractéristique de ne rien obtenir que par le concours.

Dans cette voie d'élite où il faut tant de puissance de volonté, de labeurs et d'efforts, Mollière devait remporter tous les succès.

« Nommé le second interne des hôpitaux, au concours de 1867, prosecteur en 1868, avec cette persévérance, cette ardeur qui était un des traits de sa personnalité, il ne quitte plus l'hôpital et l'amphithéâtre d'anatomie. C'est dans son cabinet de prosecteur qu'il poursuit ses recherches sur le nerf maxillaire inférieur qui fut, en 1871, le sujet de sa remarquable thèse inaugurale.

« Sur ces entrefaites, la guerre éclatait, Mollière, comme beaucoup d'autres, mais avec non moins de spontanéité et de dévoûment, quittait Lyon. Chirurgien-major de l'ambulance du Bourbonnais, il organisait les secours aux blessés et montrait déjà ce qu'il devait être comme chirurgien en chef de l'Hôtel-Dieu.

« Bientôt s'ouvraient les grands concours où sa place était marquée. Le 14 mars 1873 il était nommé chirurgien-major de l'Hôtel-Dieu. Ainsi se trouvait réalisé, après un concours des plus remarquables, le grand rêve de sa jeunesse.

« Si une belle vie doit être, suivant l'expression du poète, la réalisation d'un rêve de la jeunesse, vous voyez, Messieurs, ce qu'ont dû être, pour Daniel Mollière, nommé à 25 ans chirurgien en chef, ces quinze années de 1873 à 1890. Prenant place après Létiévant, son maître, son ami, dans cette pléiade d'hommes éminents qui s'appellent Marc-Antoine Petit, Janson, Gensoul, Bonnet, Pétrequin, etc., Mollière allait justifier toutes les espérances.

« En 1877, il publiait son *Traité des maladies du rectum et de l'anus,* qui est devenu classique, et s'affirmait déjà comme un maître. Lors de la création de la Faculté, il fut choisi comme agrégé, et conserva ses fonctions pendant six ans. On n'y a pas oublié les services qu'il a rendus et les thèses intéressantes que sa grande expérience clinique a inspirées. Lorsqu'en 1880, il descendit de l'hôpital de la Croix-Rousse pour occuper les fonctions de chirurgien-major, son expérience chirurgicale était déjà grande ; il pouvait envisager sans crainte la haute responsabilité qui lui incombait.

« De nombreuses publications et communications aux Sociétés savantes, plus particulièrement à la Sociétés des Sciences médicales, témoignaient à chaque instant de son activité, de l'ingéniosité de son esprit. Si vous jetez un coup d'œil sur les premières pages de ses *Leçons cliniques* professées à l'Hôtel-Dieu de Lyon, vous verrez une longue nomenclature d'articles de dictionnaire, de mémoires sur les sujets les plus divers. Dans toutes ces recherches, qu'il s'agisse des *hernies étranglées, de l'énucléation du globe oculaire*, de la *gangrène gazeuse*, de l'*ostéoclasie*, etc., etc., Mollière se retrouve avec son talent d'observation, sa grande sagacité clinique, et plus encore l'originalité de ses points de vue.

« Lisez ses *Leçons de clinique chirurgicale*, à chaque page un fait nouveau, un procédé opératoire personnel, affirment son individualité. Il avait une manière à lui d'enseigner : plein de simplicité et de bonhomie clinique, il frappait l'esprit de ses auditeurs par un mot, par une phrase qui résumait un long exposé.

« Nous le retrouvions ici avec ses mêmes qualités, soit qu'il fît une communication, soit qu'il prît la parole dans une discussion.

« Son langage imagé, plein d'aperçus nouveaux, captivait l'attention. Il y avait toujours dans sa manière de voir une telle sincérité, dans son exposition un tel entraînement, que l'on restait sous le charme de sa parole pour être bientôt convaincu par la valeur de ses arguments.

« Chirurgien d'une grande habileté, Daniel Mollière aimait les procédés opératoires rapides : la maladie était un ennemi qu'il fallait terrasser au plus vite, et il excellait dans ce combat.

« Il meurt dans la plénitude de son talent, au commencement, pour beaucoup, d'une vie chirurgicale, à l'âge de 41 ans.

« Sa mort laisse d'ineffaçables regrets à ses nombreux amis, à tous ceux qui l'ont connu et qui se pressaient en foule derrière son cercueil. Elle frappe cruellement, entre tous, son frère Humbert Mollière, médecin de l'Hôtel-Dieu.

« Mollière prend place à côté des grands noms de la chirurgie lyonnaise. — Par ses ouvrages, par son enseignement de chaque jour au lit des malades où se sont formés de nombreux élèves, il a illustré le majorat. Le temps ne peut que consacrer son nom, la valeur de ses travaux et son souvenir restent impérissables parmi nous. »

La séance est levée en signe de deuil.

SOCIÉTÉ NATIONALE DE MÉDECINE DE LYON

Séance du 20 janvier 1890. — Présidence de M. Delore.

M. Delore prononce l'allocution suivante :

« J'ai le douloureux regret de vous faire part de la mort d'un de nos collègues, M. Daniel Mollière, qui a succombé brusquement hier matin. Parvenu en 1873, à l'âge de 25 ans, au poste de chirurgien-major de l'Hôtel-

Dieu, D. Mollière ne démentit pas les espérances qu'avait fait naître son brillant succès. Malgré les lourdes charges de son exercice hospitalier et des soins donnés à ses nombreux malades, il consacrait une partie de son temps à la science, soit par ses communications aux sociétés savantes, soit par de nombreux mémoires de chirurgie. Ses principales publications sont un Traité sur les affections du rectum et un ouvrage de Clinique chirurgicale. Son ardeur semblait défier toute fatigue ; mais notre cher collègue, pénétré de ses obligations professionnelles et de ses devoirs à remplir, avait mal calculé ses forces et la maladie l'a foudroyé en quelques heures.

« C'est une perte pour la chirurgie lyonnaise dont il perpétuait dignement les nobles traditions par son habileté opératoire, par ses conceptions chirurgicales neuves et hardies. C'est une perte pour les élèves que séduisaient son enseignement brillant et la bienveillance de son caractère. C'est une perte pour les malades auxquels il donnait non seulement son intelligence, mais encore une part de son cœur. C'est une perte pour nous ses collègues qui avons le regret de l'avoir vu trop rarement au milieu de nous.

« Par un sentiment touchant de modestie, devant lequel nous devons respectueusement nous incliner, Daniel Mollière a demandé qu'aucun discours ne fût prononcé sur sa tombe ; il a voulu que la religion seule présidât à ses obsèques. Ce trait montre que ses convictions chrétiennes étaient à la hauteur de son talent de chirurgien, et nous nous bornerons à exprimer à sa famille, et en particulier à M. Humbert Mollière, notre collègue, toute la part que prend la Société nationale de médecine à la perte d'un de ses membres les plus distingués. Puisse ce témoignage de sympathie adoucir dans quelque mesure la cruelle douleur qu'a fait naître dans le cœur de tous ceux qui l'affectionnaient une mort aussi rapide et aussi imprévue. »

« Les obsèques de M. Daniel Mollière, chirurgien titulaire de l'Hôtel-Dieu, ont eu lieu le mardi 21 janvier, à 11 heures, au milieu d'un immense concours de population et d'un concert unanime de regrets; Lyon a montré une fois de plus qu'il sait faire de magnifiques funérailles à ceux de ses enfants qui lui ont apporté quelque gloire et rendu quelque service. La tête du cortège arri. vait à l'église Saint-Nizier, alors que la fin quittait à peine le n° 48 de la rue de la République, et cette foule s'écoulait lentement, faisant l'éloge du défunt et commentant les circonstances de cette mort prématurée, où l'incessant labeur professionnel avait la plus grosse part. Il y a environ dix ans, M. Mollière avait failli être emporté par une des plus redoutables complications des plaies, la gangrène gazeuse consécutive à une piqûre anatomique; il n'avait dû son salut qu'à de fortes doses d'alcool et à l'emploi énergique du fer rouge, impitoyablement manié par son collègue et ami Létiévant. A peine remis, il était retourné à ses malades comme le soldat retourne au feu, sans plus de souci ni de ménagement pour sa santé.

« Les cordons du poêle étaient tenus par M. Lortet, doyen de la Faculté de médecine; Poncet, chirurgien-major de l'Hôtel-Dieu; Détroyat et Riboud, administrateurs des hôpitaux.

« Le deuil était conduit par M. Humbert Mollière, médecin des hôpitaux de Lyon, frère du défunt, et les autres membres de la famille; puis venaient les membres de l'Administration des hospices; une délégation de la Faculté de médecine et une délégation de l'École de santé militaire, ayant à sa tête MM. Vallin, inspecteur du service de santé, et M. Viry, sous-directeur de cette École. Puis la foule nombreuse des confrères, amis, clients, élèves, quelques-uns venus de très loin pour rendre à leur ami un dernier hommage.

« M. Daniel Mollière était né à Lyon, le 24 février 1848, il est mort le 19 janvier 1890, à peine âgé de quarante-deux ans. Il avait fait à l'institution des Minimes de brillantes études : bachelier ès-lettres à seize ans, ès-sciences à dix-sept ans, il commença ses études médicales en octobre 1865. Quatre fois lauréat de l'École de médecine, prosecteur de cette École au concours de 1867, chirurgien-major de l'ambulance internationale du Bourbonnais pendant la guerre, docteur en médecine du 27 octobre 1871, chef de clinique chirurgicale la même année, M. Mollière était nommé chirurgien-major de l'Hôtel-Dieu le 14 mars 1873.

« Lors de la fondation de la Faculté de médecine, il fut chargé des fonctions d'agrégé et exerça ces fonctions pendant six ans.

« M. Mollière était membre de la Société de médecine, membre de la Société des sciences médicales, dont il fut président; il appartenait comme correspondant à la Société de chirurgie de Paris et à diverses sociétés étrangères (1).

« Il avait été chargé, pendant plusieurs années, des fonctions de médecin légiste, à l'instigation d'un ancien juge d'instruction fort distingué, M. Journel, et de M. le Dr Gromier, qui avait besoin d'un aide. Ses rapports, et nous citerons entre autres ceux des affaires Seringer et Poujard, étaient fort appréciés des magistrats, à cause de la précision et de la netteté de leurs

(1) Académies royales de médecine de Turin et de Palerme.

conclusions. Plusieurs fois il avait manifesté l'intention de faire dans ses leçons une part à la chirurgie légale, et plus que personne il était apte à tirer de ce sujet des aperçus originaux et instructifs.

« Mais c'est surtout dans son grand service de chirurgie de l'Hôtel-Dieu que M. Mollière, arrivé à la pleine maturité de son talent, a pu faire bénéficier les pauvres malades des merveilleuses ressources de son esprit et de sa rare habileté de main.

« Il y a quelques semaines seulement, alors que rien ne faisait prévoir la fin si prochaine de notre cher collègue, nous avons apprécié, ici, à l'occasion de ses leçons cliniques, les éminentes qualités du chirurgien; il nous reste à dire ce que nous ne pouvions dire alors, c'est que chez Daniel Mollière le cœur valait l'esprit, et qu'il était profondément aimé de ses malades; nul ne savait mieux que lui, par une saillie heureuse et surtout par la constante belle humeur et la bonté parfaite, susciter la confiance et relever le moral du patient.

« M. D. Mollière a beaucoup publié. Indépendamment de son important *Traité des maladies du rectum* et de ses *Leçons de clinique chirurgicale,* on lui doit une centaine de mémoires sur les sujets les plus variés de la chirurgie, et il en est peu qui ne renferment quelque idée neuve et originale.

« Des trois souhaits formés par le poète pour une belle mort :

« Qu'ils meurent pleins de jours, que leur mort soit pleurée;
« Qu'un ami leur ferme les yeux...

deux se sont largement réalisés pour lui.

« Peu de morts ont suscité autant de pleurs et de regrets, et Daniel Mollière a eu près de lui ce meilleur ami de tous, son frère Humbert, qui avait pour lui une affection profonde, une sorte de culte.

« On peut regretter que la plénitude de la vie ne lui ait pas été accordée pour accomplir la plénitude de son travail; mais il a fait beaucoup et le nom de Daniel Mollière ne périra pas, soit à cause de son œuvre déjà considérable, soit parce qu'il joignait aux plus éminentes qualités du cœur et de l'esprit cette juste dose d'originalité qui rend populaire et perpétue le souvenir.

« On ne peut penser sans douleur à toute cette famille désolée, à cette femme, à ces jeunes enfants, à ce pauvre père qui a passé toute sa vie dans les plus nobles spéculations de l'intelligence, et qui trouve peut-être maintenant que cette vie a trop duré pour qu'elle lui apporte la suprême douleur d'avoir perdu son fils; à tous, la rédaction du *Lyon Médical*, qui avait l'honneur de compter D. Mollière parmi ses membres depuis 1876, offre l'expression de sa plus profonde sympathie.

« P. AUBERT. »

Lyon Médical du 26 janvier 1890.

« Le corps chirurgical des hôpitaux de Lyon vient de faire une grande perte en la personne de Daniel Mollière, mort à 42 ans, des suites de l'influenza. Si courte qu'ait été son existence, D. Mollière n'en aura pas moins laissé une marque profonde de son passage. Peu de personnalités ont été aussi nettement accusées que celle de D. Mollière.

« Comme professeur, il possédait au plus haut point l'originalité et le pittoresque de l'expression. Il était de ceux qui savent se faire écouter, alors même que l'auditoire ne partage pas leur manière de voir. Intelligence primesautière et vive, il ne s'attardait pas aux recherches méticuleuses et transformait ses hypothèses en aphorismes saisissants.

« Comme opérateur, il possédait une dextérité vraiment merveilleuse et arrivait à une rapidité d'exécution parfois presque terrifiante. Il faisait bon marché des procédés opératoires classiques, et l'on peut dire que, dans son service, les leçons de choses étaient aussi originales, aussi personnelles que l'enseignement oral.

« Sous des dehors un peu brusques, il possédait une haute valeur morale. Ceux qui l'ont vu de près savent quelle était sa dignité dans les questions professionnelles, sa loyauté et sa franchise dans ses rapports avec ses amis et ses confrères.

« Il laisse un grand nombre de publications, dont deux très importantes. La première est un *Traité des maladies du rectum*, paru en 1877, et qui est encore le seul ouvrage complet que nous ayons sur ce sujet. L'année dernière, il réunissait en un volume des Leçons cliniques dont la *Province médicale* avait eu la primeur. Ces leçons reflètent admirablement l'esprit de leur auteur, avec toute son imagination et son originalité.

« Indépendamment de ces deux œuvres magistrales, D. Mollière a publié un grand nombre d'articles, inspiré de nombreuses thèses à ses élèves. Signalons, entre autres, pendant son internat, un mémoire important sur la syphilis héréditaire des nouveau-nés, dans lequel il signalait, le premier, l'existence des lésions pulmonaires et des décollements épiphysaires. Il a préconisé avec énergie le drainage dans les goîtres kystiques, la kélotomie hâtive, les amputations en un temps, la réunion immédiate sans drainage, la trépanation dans les régions cérébrales post-traumatiques. Enfin, depuis dix ans, il était l'ardent champion de l'ostéoclasie contre l'ostéotomie. C'est lui qui a réellement mis en honneur ce procédé opératoire, et quand il présenta à l'Académie et à la Société de chirurgie une série de ses opérés, il produisit une véritable sensation.

« Pour connaître D. Mollière, lire ses œuvres ne suffisait pas ; il fallait le voir, et alors seulement, en entendant sa parole imagée, en face de son air convaincu, on comprenait la grande influence qu'il a exercée, dix années durant, sur les étudiants.

« En face de cette mort si prématurée, personne ne peut échapper à un profond sentiment de tristesse. Les magnifiques funérailles que lui a faites la population lyonnaise sont une preuve que tous ont ressenti la même impression.

« La *Province Médicale*, et tout particulièrement son rédacteur en chef, qui fut l'interne et le collaborateur de M. D. Mollière, s'associe à ce deuil. Elle déplore la perte que vient de faire la médecine lyonnaise et envoie à la famille du défunt l'expression de sa douloureuse sympathie, si cette sympathie peut apporter quelque consolation en face d'un coup si brutal, en face de l'irréparable.

« Dr Victor Augagneur. »

Province médicale du 25 janvier 1890.

Quelques semaines avant la mort de D. Mollière, le docteur Aubert, chirurgien en chef de l'Antiquaille et ami de l'auteur, publiait dans le *Lyon Médical* (numéro du 1er décembre 1889) un compte rendu détaillé des

Leçons de clinique chirurgicale. Le portrait qu'il trace du chirurgien de l'Hôtel-Dieu, avec autant de compétence que de vérité, mérite d'être conservé, d'autant mieux, que peut-être mieux qu'aucun autre il met en relief les qualités brillantes et originales du défunt.

Leçons de clinique chirurgicale, professées à l'Hôtel-Dieu de Lyon, par Daniel Mollière, chirurgien titulaire à l'Hôtel-Dieu.

« Quand je veux me représenter M. Daniel Mollière dans la plénitude de sa force et de son action, je le vois sur un champ de bataille, à une période de grandes guerres, avant l'anesthésie et l'antisepsie qui retardent et embarrassent l'action opératoire. C'est là surtout qu'il eût déployé les qualités maîtresses qui le caractérisent : l'œil sûr, la décision prompte, la main preste. Quel merveilleux chirurgien d'armée il eût fait et ferait encore, car tout en gardant les qualités du chirurgien d'autrefois, il s'est adapté aux exigences modernes créées par les deux grandes découvertes qui ont supprimé la douleur et amoindri le péril, mais cela a dû lui coûter.

« A ceux qui apportent plus de maturité dans le conseil, plus de prudence et plus de lenteur dans l'action, M. Mollière a appliqué l'expression pittoresque et quelque peu dédaigneuse de chirurgien de la petite vitesse. D'autres en effet s'entendent mieux à faire le siège régulier des retranchements où s'abrite et se défend le mal ; M. Mollière n'est point inhabile à cette tactique et à ce genre de guerre ; mais sa manière à lui, c'est l'assaut, et il y excelle.

« A un esprit comme le sien, la Clinique convient mieux que le Traité, car un recueil de leçons cliniques est un livre d'action plus que de théorie ; l'érudition est à l'arrière-plan, l'exposition vive et imagée des principaux symptômes au premier. L'opération suit la leçon; la parole vient d'affirmer, le bistouri marche, et on ne sait lequel tranche le plus.

« Ne demandez point à M. Mollière de vous présenter la série entière et méthodique des symptômes; dans toute affection il y a quelques traits saillants, ces traits il s'entend à les choisir et vous les montre, gros, très gros; on peut reprocher à cette méthode d'être incomplète, mais elle est vivante, et le fait ainsi présenté excite l'attention, attire le regard et s'y fixe.

« Du reste, ceux qui voudront voir M. Mollière à l'œuvre avec ses qualités et ses défauts n'ont qu'à aller suivre les cours qu'il fait en ce moment à l'Hôtel-Dieu et qui fourniront sans doute la matière d'un second volume.

« Pour le moment il s'agit du premier et unique, et à ceux qui ne peuvent entendre le clinicien, nous conseillons de le lire.

« Si nous n'étions pas dans l'atmosphère lyonnaise où les idées et la manière de faire de l'auteur sont connues, nous suivrions l'exemple de Neudorfer qui, dans trois numéros de la *Clinique internationale de Vienne*, a consacré un long article au résumé des principales leçons.

« Ces leçons, au nombre de quarante-trois, roulent sur les sujets les plus variés. Des titres du plus pur classique : Pronostic des coxalgies ; arthrites chroniques du genou; mal de Pott; cancer de la langue ; tumeurs ganglionnaire du cou ; goître kystique ; infiltration d'urine; fissure à l'anus; phlegmon diffus; testicule tuberculeux; ablation des tumeurs du sein; etc., etc., servent de thème au développement d'idées originales et de vues nouvelles. C'est dire qu'il y a dans ce livre de grosses et bonnes choses, des choses utiles et qui font partie de la pratique de chaque jour.

« Citons au hasard parmi les points très utiles à connaître : Les ponctions capillaires préventives répétées dans les goîtres kystiques volumineux pour éviter les dangers de l'ouverture immédiate et de l'hémorrhagie *à vacuo*, le drainage capillaire appliqué à ces mêmes kystes ; la préférence très légitime donnée aux ciseaux et au bistouri sur les ligatures élastiques ou l'écrasement dans l'ablation du cancer de la langue ; l'excision des rétrécissements calleux de l'urèthre et la recherche facile du bout supérieur du canal en se basant sur ce fait qu'il est toujours en arrière et dirigé parallèlement au rectum ; le procédé de tamponnement contre les rectorrhagies avec une éponge en cône traversée d'une ficelle et poussée très haut, du coton par dessous que l'on refoule avec le doigt pendant que l'on tire fortement en bas le cordon fixé à l'éponge. L'ablation par le sillon sous-mammaire des tumeurs bénignes du sein de façon à éviter toute cicatrice visible ; la suspension axillaire de la peau par un gros fil métallique traversant le grand pectoral, et venant sortir et se fixer un peu au-dessous de la clavicule pour recouvrir les grandes pertes de substance de l'aisselle consécutives au curage des cancers, etc., etc.

« Les six leçons terminales sur les hernies sont au nombre des meilleures. On y apprend que le vomissement dans les hernies n'est pas l'apanage exclusif de l'étranglement, mais peut reconnaître des causes multiples ; qu'une fois l'opération faite il faut bien se garder de donner des purgatifs, même légers, mais au contraire engourdir l'intestin et le péritoine par des injections de morphine et maintenir la constipation pendant plusieurs jours ; que la meilleure manière d'opérer consiste à inciser la peau sur un pli pris entre deux doigts, à isoler et à pédiculiser la tumeur comme si on voulait l'enlever, en se servant du doigt ou d'instruments mousses. La tumeur herniaire étant isolée jusqu'au collet du sac, on ouvre celui-ci, on explore l'intestin, on débride l'anneau au côté externe, en dehors du sac, on dilate le collet avec le doigt ou un instrument mousse et on réduit, puis on pratique l'occlusion du péritoine par la ligature élastique du sac. Pour les hernies ombilicales on procède comme pour les hernies de l'aine en excisant même la peau amincie de l'ombilic.

« Tous ces préceptes sont fort sages et basés sur l'expérience d'un homme qui a opéré les hernies par centaines. L'autorité que donne cette expérience se révèle, du reste, dans toutes ces Leçons cliniques, et, pour terminer, nous dirons avec Neudorfer : « M. Mol-
« lière se tient dans les hautes régions de la chirurgie,
« son ouvrage est écrit dans l'esprit de la chirurgie
« moderne, l'auteur et son livre ont en eux-mêmes assez
« de valeur pour imposer et défendre des idées propres,
« alors même que ces idées ne seraient pas celles du
« critique. »

Dans l'assemblée générale annuelle de l'Association des médecins du Rhône (séance du 31 mai 1890), son vénérable président, le docteur Girin, médecin honoraire des hôpitaux, s'exprimait ainsi :

« A cette liste assez remplie de morts chers à l'Association comme à leurs familles et à leurs amis, il faut ajouter, mais à un rang à part, une perte plus retentissante qui atteint non seulement notre Société et le corps médical, mais encore la ville entière et la région qu'elle domine, celle de Daniel Mollière, inopinément enlevé en pleine maturité, au milieu d'une carrière qui semblait devoir être encore si longue et si belle. Daniel Mollière appartenait à cette dynastie ininterrompue de majors qui ont élevé et qui maintiennent si haut la gloire et la prédominance de la chirurgie lyonnaise et des grands hôpitaux qui l'alimentent. Depuis Bonnet, qui disparut aussi prématurément dans tout l'éclat de son enseignement et de ses succès, aucune mort n'a excité une émotion si profondément populaire; mais ce n'est pas ici le lieu d'exposer par quelle continuité, par quelle grandeur de services et de travaux Daniel Mollière avait acquis si tôt la célébrité et la sympathie universelle, nous n'avons aujourd'hui qu'à nous incliner tristement devant les décrets incompréhensibles de la Providence en associant nos regrets unanimes à la douleur inconsolable d'une famille si cruellement éprouvée. »

Enfin, la *Revue du siècle* (1), par la plume d'un littérateur distingué, M. Clair Tisseur, ancien ami de la famille, a consacré à la mémoire du chirurgien lyonnais un article que nous reproduisons en entier.

« La mort de M. le Dr Mollière a causé à Lyon une émotion profonde, non seulement à cause de la valeur du chirurgien, mais encore à cause des circonstances particulièrement douloureuses dans lesquelles cette mort s'est produite. Il est mort à quarante et un ans,

(1) Numéro de mars 1890.

en pleine force de talent, avec un long avenir de succès devant lui.

« M. Mollière est, dans la force du mot, une victime de la chirurgie. Cette profession terrible exige une dépense d'efforts incessants, de préoccupations graves et continuelles, surtout lorsque, comme pour M. Mollière, une clientèle considérable vient s'ajouter aux lourds services hospitaliers. Le sentiment de la responsabilité, une fatigue à la fois physique, morale et intellectuelle, la tension de tous les ressorts, usent les forces du chirurgien le plus solidement trempé. Son feu, son impétuosité, une facilité extraordinaire, une certaine confiance semblaient rendre la tâche moins lourde à M. Mollière qu'à d'autres. Pourtant il est mort à l'œuvre comme Bonnet, comme Valette. Comme ce dernier, il était depuis quelque temps sous le coup d'une de ces maladies latentes qui sont le résultat de la consomption des forces vitales, et qui éclatent et tuent un jour à l'occasion de quelque maladie intercurrente de peu d'importance relative. Valette mourut à l'occasion d'une pneumonie très guérissable en elle-même, mais qui fit éclater soudain les accidents d'une lésion jusque-là inaperçue. De même, chez M. Daniel Mollière, l'influenza a été l'étincelle qui alluma la foudre. Il se savait atteint depuis quatre mois, dit-on, et, sans doute, s'il eût renoncé à l'exercice d'une profession usante, s'il se fût retiré à la campagne, se condamnant à la vie calme et retirée qui pour lui n'eût été qu'une moitié de la vie, il eût pu prolonger longtemps des jours précieux pour sa famille, pour ses amis et pour la science, mais il avait du tempérament du soldat, et voulait mourir vaillamment sur la brèche. Il y est mort, hélas !

*
* *

« M. Molière était né le 24 février 1848. Il descendait d'honorables familles lyonnaises et, pour les facultés intellectuelles, avait de qui tenir. M. Antoine Mollière, son père, l'ancien ami de Laprade, est connu par des travaux considérables de spéculation métaphysique, parmi lesquels il faut citer au premier rang sa *Métaphysique de l'art* et ses *Lois intimes de la société*. La mère de M. Daniel, née Héloïse Monier, était une intelligence véritablement supérieure. Elle était la sœur des trois Monier (1), dont l'aîné (Claude), mort prématurément à Paris, étudiant en droit, fut l'objet d'une poésie si émue et si attendrissante de Barthélemy Tisseur (2). Enfin M. Daniel Mollière a un frère, M. le Dr Humbert Mollière, qui n'honore pas moins la médecine que lui-même n'a honoré la chirurgie.

*
* *

« M. Mollière était élève de l'institution des Minimes. Il y fit de brillantes études, et ses facultés s'accusaient déjà au point qu'à seize ans il put être bachelier ès-lettres, et bachelier ès-sciences à dix-sept.

« Étudiant en médecine, il est quatre fois lauréat de l'école. En 1867, au concours de l'internat, il est nommé deuxième interne. Les succès ne s'arrêtaient pas ; en 1868, un autre concours le désigne comme prosecteur. Ce fut pendant qu'il remplissait cette fonction qu'il poursuivit ses recherches sur le nerf dentaire inférieur, lesquelles firent plus tard le sujet de la thèse remarquable

(1) Leur père, Jean-Humbert Monier, littérateur et magistrat, né à Belley, le 9 mai 1786, mourut avocat général à la Cour royale de Lyon, le 11 avril 1826.

(2) *Poésies de Barthélemy Tisseur* recueillies par ses frères. Lyon, 1885.

qu'il soutint pour le doctorat, auquel il fut reçu le 27 octobre 1871. Déjà, pendant son internat, il avait publié un mémoire important sur la syphilis des nouveau-nés, dans lequel il apportait des constatations nouvelles.

« Mais en 1870 la guerre avait éclaté. M. Mollière, comme plusieurs de ses maîtres et de ses camarades, quittait Lyon pour les ambulances. Il fut chirurgien major de l'ambulance internationale du Bourbonnais, et il organisa les secours aux blessés, en montrant déjà, dit M. le Dr Poncet, ce qu'il devait être comme chirurgien en chef de l'Hôtel-Dieu.

« Lors de la fondation de la Faculté de médecine, il fut chargé des fonctions d'agrégé qu'il exerça pendant six ans.

*
* *

« Peu de personnalités chirurgicales auront été aussi accusées que la sienne. C'était un opérateur d'une rapidité et d'une dextérité merveilleuses. « Quand je veux « me représenter M. Daniel Mollière dans la plénitude « de sa force et de son action, écrivait naguère une « plume d'une haute compétence (1), je le vois sur un « champ de bataille, à une période de grandes guerres, « avant l'anesthésie et l'antisepsie, qui retardent et em- « barrassent l'action opératoire. C'est là surtout qu'il « eût déployé les qualités maîtresses qui le caracté- « risent : l'œil sûr, la décision prompte, la main preste. « Quel merveilleux chirurgien d'armée il eût fait et « ferait encore, car tout en gardant les qualités du

(1) M. le Dr P. Aubert, ancien chirurgien major de l'Antiquaille, dans le *Lyon Médical* du 1er décembre 1889, à propos de l'ouvrage de M. D. Mollière, intitulé *Lecons de clinique chirurgicale.*

« chirurgien d'autrefois, il s'est adapté aux exigences « modernes créées par les deux grandes découvertes « qui ont supprimé la douleur et amoindri le péril, « mais cela a dû lui coûter.

« A ceux qui apportent plus de maturité dans le « conseil, plus de prudence et plus de lenteur dans « l'action, M. Mollière a appliqué l'expression pitto- « resque et quelque peu dédaigneuse de « chirurgiens « de la petite vitesse ». D'autres, en effet, s'entendent « mieux à faire le siège régulier des retranchements « où s'abrite et se défend le mal ; M. Mollière n'est « point inhabile à cette tactique et à ce genre de « guerre; mais sa manière à lui, c'est l'assaut et il y « excelle.

« A un esprit comme le sien, la clinique convient « mieux que le traité, car un recueil de leçons cli- « niques est un livre d'action plus que de théorie ; « l'érudition est à l'arrière-plan, l'exposition vive et « imagée des principaux symptômes au premier. L'o- « pération suit la leçon ; la parole vient d'affirmer, le « bistouri marche et on ne sait lequel tranche le « plus.

« Ne demandez point à M. Mollière de vous présenter « la série entière et méthodique des symptômes ; dans « toute affection il y a quelques traits saillants, ces « traits il s'entend à les choisir et vous les montre gros, « très gros ; on peut reprocher à cette méthode d'être « incomplète, mais elle est vivante, et le fait, ainsi pré- « senté, excite l'attention, attire le regard et l'y fixe. »

« Ces leçons de clinique chirurgicale furent considérées comme assez importantes pour que M. Neudorfer ait cru devoir, dans trois numéros de la *Clinique internationale de Vienne*, consacrer un long travail au résumé des principales leçons. Il y a, en effet, dans ces leçons si variées dans leurs sujets, mille renseignements précieux pour le praticien, et fondés sur une expérience aussi considérable par le nombre des faits qu'elle est habile et inventive dans les moyens employés.

« M. Mollière avait lui-même accusé ses préférences chirurgicales dans le remarquable et substantiel discours qu'il prononça en 1881, lors de son installation comme chirurgien en chef de l'Hôtel-Dieu. Il y insiste avec une profonde raison sur l'influence des diathèses sur l'évolution des plaies, et sur la nécessité pour le chirurgien d'être non moins médecin que chirurgien. Il signale, par exemple, le réveil des affections latentes du cœur chez des individus traumatisés. Le précepte de traiter la maladie générale avant d'intervenir, le bistouri à la main, sur la lésion locale, est une cause gagnée dans la pensée des plus illustres maîtres, et c'est sans doute à la scrupuleuse observation de cette règle que la chirurgie lyonnaise doit beaucoup de ses éclatants succès.

« Le tempérament de M. Mollière devait le porter à préférer, ainsi qu'il l'indique dans son discours, les amputations chez les sujets menacés de tuberculose, aux délicates opérations de chirurgie conservatrice qui, depuis M. Ollier, font la gloire de l'école lyonnaise. Cette opinion sera moins facilement acceptée que la précédente, mais elle indique bien le caractère personnel de notre chirurgien, et ce quelque chose de hardi et de décisif qui lui donne son originalité. Il se hâte, au reste, d'ajouter, avec une modestie bien honorable, « qu'il pose aujourd'hui la question sans oser la ré-« soudre. »

*
* *

« Ce que la courte vie de M. Mollière renferme de travaux tient presque du prodige. Outre son grand *Traité des maladies du rectum*, publié en 1873, il n'a pas écrit moins d'une centaine de mémoires qui sont tous intéressants par quelque côté. Nous ne pouvons énumérer même les principaux de ces mémoires dont les titres souvent seraient difficilement compris par d'autres que par des lecteurs familiers avec les études médicales. Disons seulement que les goîtres, les hernies, la trépanation (cas de folie guérie par l'opération du trépan), le procédé opératoire pour le redressement des os qu'on appelle l'ostéoclasie, etc., etc., ont fait l'objet de ses savantes recherches. Collaborateur assidu du *Lyon Médical*, de la *Province médicale*, de la *Gazette des hôpitaux*, il y a publié un nombre considérable d'articles. Mentionnons encore ses articles du *Dictionnaire encyclopédique des sciences médicales*, etc.

« Il était membre de la Société de médecine, membre de la Société des sciences médicales, dont il fut président; correspondant de la Société de chirurgie de Paris et de diverses sociétés étrangères. M. Mollière fut aussi chargé, pendant plusieurs années, des fonctions de médecin-légiste, et l'on n'a point oublié ses remarquables rapports dans deux affaires importantes, Seringer et Poujard.

*
* *

« Déjà il s'en était fallu de peu, il y a quelque dix ans, qu'il ne fût victime du devoir professionnel. Ayant eu le malheur de se faire une piqûre pendant l'amputation de la jambe pratiquée sur une jeune fille, de graves symptômes se déclarèrent bientôt, et il fut même atteint de la gangrène gazeuse, dont il ne fut guéri que par l'application de la médication la plus énergique. Le premier usage qu'il fit de ses forces, à mesure qu'il les sentait revenir, ce fut d'écrire précisément un mémoire sur cette gangrène gazeuse qu'il avait eu occasion d'étudier de si près sur sa propre personne.

*
* *

« Il est mort dans la nuit du 19 janvier, dans les bras de son malheureux frère. En présence de cette fin prématurée, de cette veuve et de ces jeunes enfants, en présence des regrets qu'il laisse dans le cœur de ses amis et dans celui de ses élèves, on trouve plus belles les espérances de vie future auxquelles, avec les siens, il croyait fermement. »

De son côté, la presse médicale parisienne a été unanime à déplorer la mort prématurée du brillant opérateur dont la parole autorisée s'était fait naguère entendre avec un si vif éclat au dernier *Congrès de chirurgie.*

Le *Progrès médical* du 25 janvier 1890 (p. 78) consacre au chirurgien lyonnais la notice suivante :

« M. le Dr Daniel Mollière, chirurgien en chef titulaire de l'Hôtel-Dieu de Lyon, est décédé cette semaine à Lyon. Daniel Mollière est surtout connu par son *Traité des maladies du rectum et de l'anus* (Paris, Masson, 1877), seul ouvrage français récent où les maladies de cette région soient traitées dans leur ensemble, mais qui aujourd'hui aurait besoin d'être considérablement revu et augmenté, et par ses travaux sur la chirurgie des nerfs et la chirurgie osseuse. Ces derniers ont contribué, dans une notable mesure, à établir, aux côtés de ceux de M. Ollier, la réputation de l'École de Lyon dans cette branche de la pathologie externe. Daniel Mollière paraît avoir le premier fait la suture des deux bouts de l'urèthre dans les ruptures complètes de ce canal (voir la thèse de son élève Parisot, en 1884 et *Lyon Médical*, 29 mars 1885). Il essaya en France, un des premiers, l'anesthésie par la voie rectale à l'aide de l'éther, agent auquel il resta toujours fidèle, comme la plupart de ses collègues des hôpitaux de Lyon; on lui est redevable aussi de la vulgarisation de l'ostéoclaste de V. Robin, son élève. — On lui doit, en outre, un grand nombre de mémoires parus surtout dans le *Lyon Médical*, la *Gazette des hôpitaux de Paris,* les comptes rendus des divers *Congrès français de chirurgie*, etc., etc. — (Suit la bibliographie de ses principaux travaux.)

« Marcel Baudoin. »

Dans son numéro du 30 janvier 1890, la *Revue générale de clinique et de thérapeutique*, dirigée par le Dr Huchard, s'exprime ainsi par la plume de son rédacteur en chef, le Dr Ch. Éloy :

« Après Paquet (de Lille), Daniel Mollière, chirurgien en chef titulaire de l'Hôtel-Dieu de Lyon. Les morts se multiplient.

« Au moment où notre dernier numéro était déjà sous presse, nous apprenions trop tard, pour l'annoncer à nos lecteurs, la mort inattendue de notre savant collaborateur.

« Est-il besoin, devant cette tombe qui se ferme si cruellement, de rappeler les beaux travaux du défunt regretté ? Son *Traité des maladies du rectum et de l'anus*, ses travaux sur la chirurgie des os, ses essais d'anesthésie par la voie rectale, etc., etc., sont justement appréciés ; le souvenir en est présent à toutes les mémoires. Observateur sagace, opérateur prudent, écrivain de mérite, notre confrère laisse après lui d'immenses regrets.

« La rédaction de la *Revue générale de clinique et de thérapeutique* exprime donc à sa famille, à ses nombreux amis et au corps médical lyonnais dont il était un des membres les plus méritants, les hommages de sa plus sympathique condoléance. Nous n'oublierons jamais les encouragements qu'il donnait à ce journal, ni la sollicitude avec laquelle il en suivait le développement.

« Ch. E. »

Nous lisons dans le numéro du 10 février 1890 de la *Revue de chirurgie* l'article suivant du Dr Nicaise, chirurgien de l'hôpital Laënnec et professeur agrégé à la Faculté, que nous reproduisons également *in extenso* :

« Nous avons à regretter la mort d'un jeune chirurgien de l'École lyonnaise, école qui tient une si grande place dans la chirurgie française.

« Daniel Mollière vient de mourir à l'âge de quarante-deux ans, emporté, comme le professeur Paquet, par l'épidémie de grippe. Il avait été interne des hôpitaux de Lyon en 1867, prosecteur en 1868; en 1870, il fut chirurgie-major de l'ambulance du Bourbonnais; en 1871, il passe sa thèse inaugurale, dans laquelle il fait connaître ses *Recherches sur le nerf maxillaire inférieur*. En 1873, il est nommé, au concours, chirurgien-major de l'Hôtel-Dieu, il n'avait que vingt-cinq ans; il fut d'abord chirurgien de l'hôpital de la Croix-Rousse, puis en 1880, il prit le service de l'Hôtel-Dieu. Lorsque l'École de Lyon fut transformée en Faculté, D. Mollière fut nommé agrégé et resta six ans en fonction.

« Daniel Mollière avait une très grande activité, et il aimait la chirurgie avec passion; il trouvait le champ d'action qui lui convenait dans les beaux services de chirurgie de l'Hôtel-Dieu. C'était un opérateur habile, rapide; mais c'était aussi un esprit studieux, original, critique, un lettré; il donnait aux questions qu'il traitait un tour personnel. On a de lui un *Traité des maladies du rectum et de l'anus* très apprécié, et un volume de *Leçons cliniques* fort intéressant; il a aussi écrit un grand nombre de mémoires qui renferment des vues originales. La position scientifique et la réputation de Daniel Mollière étaient déjà grandes et devaient s'augmenter beaucoup encore; sa mort prématurée laisse d'unanimes regrets. »

MONUMENT ÉLEVÉ A LA MÉMOIRE

DU

Dr Daniel MOLLIÈRE

Daniel Mollière était mort depuis un mois à peine, que ses amis et ses malades reconnaissants ouvraient dans les journaux une souscription populaire, dans le but de perpétuer son souvenir en lui élevant un buste.

Grâce à l'initiative et au zèle affectueux du Dr Victor Robin, son élève le plus aimé, et de MM. Cuzin et Durand, orthopédistes, une somme importante a été bientôt réunie et le soin d'exécuter une œuvre digne de lui, confiée à deux de nos plus grands artistes français. Elle est aujourd'hui presque achevée, et bientôt elle sera placée dans cet Hôtel-Dieu, où Daniel Mollière a passé la plus grande partie de sa vie et rendu de si éminents services.

H. M.

Novembre 1890.

PUBLICATIONS SCIENTIFIQUES

De Daniel MOLLIÈRE.

1868

Note sur un cas de goître exophthalmique (*Journal de Médecine de Lyon.*)

1869

Étude sur la sensibilité aux températures, observée à l'aide d'un nouvel appareil (avec figure). (*Lyon Médical.*)

Note pour servir à l'histoire de la pathologie du grand sympathique cervical. (*Id.*)

Phtisie pulmonaire à forme typhoïde. (*Gazette hebdomadaire de médecine et de chirurgie.*)

1870

Relation de deux cas de tétanos traumatique. (*Lyon Médical.*)

Recherches cliniques et expérimentales sur les thromboses et les embolies osseuses, en collaboration avec le Dr Humbert Mollière (avec planche). (*Id.*)

1871

Observation de syphilis congénitale (avec planche). (Extrait des *Annales de dermatologie.*)

Du nerf dentaire inférieur, anatomie et physiologie, anatomie comparée. (Thèse inaugurale, soutenue à la Faculté de médecine de Paris, le 27 octobre 1871.)

Étude sur deux cas d'anosmie. (*Lyon Médical.*)

1872

Recherches expérimentales et cliniques sur les fractures indirectes de la colonne vertébrale. (*Lyon Médical.*)

1873

A propos de la résection du maxillaire inférieur. Lettre à M. Verneuil. (*Gaz. hebd. de méd. et de chir.*)

Recherches expérimentales sur les déviations de la taille. — Association française pour l'avancement des sciences, 2e session. Lyon, 1873.

1874

Note sur l'application de l'ischémie incomplète aux opérations qui se pratiquent sur les tendons (suture, autoplastie). (*Société de chirurgie.*)

Nouvelle observation de bubon d'emblée inoculable. (*Lyon Médical.*)

Études et observations sur la syphilis infantile et sur une forme suspecte de syphilis chez les enfants, par le Dr Gaetano Casati, médecin en chef de l'hôpital des enfants exposés de Milan, traduit de l'italien par le Dr Daniel Mollière. (Extrait des *Annales de dermatologie*, in-8 de 81 pages. Paris, G. Masson.)

1875

Nouveaux méfaits du taxis forcé. (Extrait du *Lyon Médical.* Paris, G. Masson). Traduit en espagnol par Casademunt. Barcelone, Miret.

Note sur un cas de rectocèle vaginale. (Extrait du *Lyon Médical.* Paris, G. Masson.)

Note sur deux cas de périnéorrhaphie. (Extrait du *Lyon Médical.* Paris, G. Masson.)

Observation de luxation sous-épineuse complète de l'épaule droite. (*Gaz. des hôp. de Paris.*)

A propos du traitement de la fistule à l'anus par la ligature élastique. (*Lyon Médical.*)

Observations de tumeurs rares de la langue. (*Progrès Médical.*)

1876

De l'énucléation du globe oculaire, pendant la période aiguë du phlegmon de cet organe. (*Lyon Médical* 1876 et *International Congress.* Londres, 1881.)

Note sur un cas de régénération osseuse (avec figures). (Extrait du *Lyon Médical*,. Paris, J.-B. Baillère, 1876.)

Procédé opératoire destiné à faciliter la réunion après l'excision partielle du nez. (Extrait du *Lyon Médical.*)

1877

TRAITÉ DES MALADIES DU RECTUM ET DE L'ANUS, in-8 de 758 pages (avec figures dans le texte). Paris, G. Masson.

Indications de l'occlusion du péritoine, après la kélotomie. (Extrait du *Lyon Médical*. Paris, G. Masson.)

De la hernie de la ligne demi-circulaire (avec figure). Congrès périodique international des sciences médicales. (Genève.)

Tumeur volumineuse du sein ; extirpation ; guérison (avec figure). (*Lyon Médical.*)

Lésion traumatique du foie. (*Progrès Médical.*)

Ablation de deux volumineuses tumeurs du maxillaire supérieur. (*Lyon Médical.*)

1878

La désarticulation de la hanche, à l'Académie de médecine. (*Lyon Médical.*)

A propos d'une nouvelle machine à coudre. (*Id.*)

Sur un cas de gangrène foudroyante. (*Id.*)

1879

Absence congénitale du vagin, création d'un vagin artificiel. (Extrait du *Lyon Médical.*)

Nouveau traitement de la luxation du long péronier latéral. (*Lyon Médical.*)

Sur un nouveau traitement de l'hygroma du genou. (*Soc. des scien. méd. de Lyon.*)

Du drainage capillaire dans les kystes synoviaux du poignet. Leçon publiée par M. Bouzol, interne des hôpitaux. (*Gaz. des hôp. de Paris.*)

1880

Étude sur quelques symptômes des fractures de l'astragale. (Extrait du *Lyon Médical.*)

Influence des grands traumatismes sur les affections cardiaques latentes. (*Union Médicale.*)

Épithélioma colloïde intra-acineux de la glande lacrymale. (En collaboration avec le Dr Chandelux. (Extrait du *Lyon Médical.*)

1881

Sur la hernie étranglée. (*International med. Congr.*, London.)

A propos du traitement des kystes synoviaux du poignet. (*Lyon Médical.*)

De la gangrène gazeuse; définition clinique. (*Id.*)

De la gangrène gazeuse; étiologie. (*Id.*)

De l'esprit médical de la chirurgie contemporaine. Discours prononcé lors de son installation comme chirurgien-major de l'Hôtel-Dieu de Lyon. (In-8 de 27 pages. Lyon, Association typographique.)

Folie traumatique. Trépanation. Guérison. (Extrait du *Lyon Médical.*)

1882

Hernie étranglée et cryptorchidie. (*Gaz. des hôp.*, nº 82. Paris.)

Anévrysme diffus de la fémorale, guéri par la méthode d'Antyllus. (*Lyon Médical.*)

Du jaborandi en applications externes. (*Id.*)

Gypso-filet constricteur. (*Id.*)

Ostéoclasie dans le genu valgum; appareil de V. Robin. (*Gaz, des hôp.*, 27 juillet 1882.)

L'infection empêche l'ivresse alcoolique. (*Gaz. des hôp.*, 20 août 1882.)

Pustule maligne inoculable, transmise par une mouche. Observation recueillie par Édouard. (*Gaz. des hôp.*, 5 septembre 1882.)

1883

De quelques anomalies dans les symptômes de l'étranglement herniaire. (*Lyon Médical.*)

Amputation transtarsienne irrégulière. (*Id.*)

Ostéoclasie dans un cas de courbure rachitique du tibia. (*Id.*)

Cal vicieux du fémur. Ostéoclasie sus-condylienne (avec figure). (*Id.*)

1884

Traitement du genu valgum par l'ostéoclasie. Académie de médecine. Présentation de malades, opérés par la méthode du Dr Robin. (Séance du 5 février 1884.)

Cal vicieux du fémur. Ostéoclasie sus-condylienne. Guérison. (*Lyon Médical.*)

Procédé opératoire pour masquer la cicatrice produite par l'ablation d'une tumeur du sein. (*Id.*)

Discours prononcé aux funérailles du Dr Létiévant, chirurgien-major de l'Hôtel-Dieu.

Note sur l'éthérisation par la voie rectale. (*Id.*)

Sur l'excision des rétrécissements de l'urèthre. (*Id.*)

Énorme tumeur de l'omoplate. (*Id.*)

Nouveau mode de traitement des fistules parotidiennes (injections graisseuses). (*Id.*)

Septicémie d'origine intestinale. En collaboration avec M. le Pr Lépine. (*Id.*)

Résection dans un cas d'ankylose rectiligne du coude. (*Id.*)

Ciseaux multiplicateurs destinés à la section des os volumineux. (*Id.*)

1885

Taille rénale dans un cas de néphrite calculeuse. (*Lyon Médical.*)

Syphilis héréditaire tardive. (*Id.*)

Évidement de la tête fémorale, dans un cas de coxalgie. — Guérison avec conservation des mouvements. (*Id.*)

Amédée Bonnet et la méthode antiseptique. (*Id.*)

Résection uréthrale pour un rétrécissement infranchissable. (*Id.*)

Guérison d'un tic douloureux de la face par l'ablation du ganglion de Meckel. (*Id.*)

Amputation du sein avec invagination axillaire. (*Id.*)

Fracture du pubis et rupture de l'urèthre. Rétrécissement infranchissable. — Résection uréthrale et uréthroplastie. (*Id.*)

1886

Des résections orthopédiques du genou, à propos d'un cas d'ankylose. (*Semaine Médicale,* mai 1886.)

Abcès ossifluent du sein. Résection du sternum. (*Gaz. des hôp.*, mai 1886.)

Sur les indications de la trépanation du crâne dans les lésions traumatiques. (Congrès français de chirurgie, 1re session, Paris, 1886.)

Traitement de l'anthrax, sans incision, par la méthode antiseptique. (*Lyon Médical.*)

De l'application de l'ostéoclaste dans les luxations anciennes. (*Id.*)

Thérapeutique des abcès abdominaux de la région iliaque et de la pérityphlite suppurée. (*Id.*)

Pied bot traité par l'ostéoclasie. (*Id.*)

A propos du lavage de l'estomac. (*Id.*)

Extrophie partielle de la vessie opérée et guérie. (*Id.*)

Traitement des sciatiques par l'élongation non sanglante du nerf. (*Id.*)

Ankylose angulaire du genou, opération de V. Robin. Guérison. (*Gaz. des hôp.*, 30 mars 1886.)

Sur un cas de fibrome aponévrotique des parois abdominales, sans adhérences au squelette. (*Gaz. des hôp.*, 27 avril 1886.) Leçon recueillie par le Dr Désir de Fortunet.

1887

Des résections orthopédiques. (Congrès français de chirurgie, 2e session.)

De l'intervention opératoire dans les luxations irréductibles. (*Id.*)

Note sur la chirurgie des voies salivaires. (*Lyon Médical.*)

A propos de la décapitation du fémur. (*Id.*)

Note sur un cas de polype naso-pharyngien. (*Id.*)

Sur les luxations congénitales de la hanche. (*Id.*)

Cancer mélanique du rectum. Généralisation. (*Id.*)

La maladie du prince royal de Prusse. (*Id.*)

Épithélioma laryngien. Résection partielle du larynx. (*Id.*)

Atrophie des muscles de la jambe chez deux jumeaux. (*Id.*)

Appareil pour réduire les luxations anciennes de l'épaule. (*Id.*)

Appareils prothétiques en parchemin. (*Id.*)

Sur les moignons d'amputés, obtenus par la méthode de Celse. (*Id.*)

1888

Sur la cure radicale des hernies. (Congrès de chirurgie de Paris, 1888.)

Déformation congénitale de l'oreille (simulant une oreille de porc). Autoplastie. (*Lyon Médical.*)

Guérison singulière opérée par l'inoculation de la gale. (*Id.*)

Note sur la chirurgie esthétique du nez. (*Id.*)

A propos du Congrès d'ophtalmologie. (*Id.*)

LEÇONS DE CLINIQUE CHIRURGICALE PROFESSÉES A L'HÔTEL-DIEU DE LYON, PAR DANIEL MOLLIÈRE, chirurgien titulaire de l'Hôtel-Dieu, président de la Société des sciences médicales de Lyon, membre correspondant de la Société de chirurgie et de diverses sociétés savantes. Recueillies par ses internes et revues par le professeur. Un beau volume in-8, de 494 pages. Imprimé à Lyon, chez Pitrat. (Paris, G. Masson, éditeur.)

Fracture du crâne sans plaie. Encéphalite. Ouverture. Guérison. (*Lyon Médical.*)

Note sur la résection du genou. (*Id.*)

1889

Fractures intra-articulaires de la tête humérale. (*Lyon Médical.*)

Rupture de la vessie suivie de guérison. (*Id.*)

Des missions médicales. (*Id.*)

Ostéoclasie dans les arthrites, avec pseudo-cagnosité. (*Id.*)

Kyste dermoïde du pouce. (*Id.*)

Emploi des grands bains de sublimé dans la pyohémie et les grandes infections. (*Id.*)

Syphilis et iodure de potassium à haute dose. (*Id.*)

Névrome plexiforme. (*Id.*)

Daniel Mollière prit une part active aux travaux du Congrès français de chirurgie, tenu à Paris du 7 au 13 octobre 1889. Ses diverses communications ont paru dans le volume des Procès-Verbaux, Mémoires et Discussions publiés chez Alcan, dans le cours de l'année 1890.

En voici les titres :

Résultats immédiats et éloignés des opérations pratiquées pour les tuberculoses locales, p. 101.

Sur les anévrysmes (traitement par l'extirpation), p. 252.

Ablation du ganglion de Meckel, p. 720.

Deux mois avant de mourir, Daniel Mollière avait repris son enseignement clinique libre et fait un certain nombre de leçons, dont plusieurs, entièrement rédigées de sa main, ont été publiées par son frère dans le *Lyon Médical* de la même année (1890), et dont voici les titres :

De la dysurie sénile. — Leçon du 23 novembre 1889.

Traitement des varices par les injections coagulantes. — Leçon du 10 novembre 1889.

De l'arthrite ulcéreuse. — Leçon du 3 décembre 1889.
Des brûlures. — Leçon du 30 novembre 1889.
Des abcès froids. — Leçon du 19 novembre 1889.

Dès 1875, Daniel Mollière était attaché à la rédaction du Dictionnaire encyclopédique de Dechambre et Lereboullet, dans lequel il a écrit, seul : les articles *Rein* (anatomie et physiologie) — *Fibrome* — *Papillome* — *Emphysème traumatique* — *Splénotomie* — *Voies spermatiques* — *Spermatorrhée;* et, en collaboration avec le Dr V. Augagneur, l'article *Testicule* (pathologie).

En outre, il a publié lui-même ou fait publier par ses internes, dans le *Lyon Médical,* la *Gazette des hôpitaux de Paris* et les *Comptes rendus et Mémoires de la Société des sciences médicales de Lyon,* un grand nombre de notes et d'observations intéressantes relatives à la pathologie externe, l'anatomie pathologique et la médecine opératoire.

Il a inspiré à plusieurs de ses amis et élèves des thèses inaugurales, pleines d'aperçus originaux et de vues nouvelles, qui ont été soutenues devant les Facultés de Paris, de Lyon et de Montpellier.

www.ingramcontent.com/pod-product-compliance
Ingram Content Group UK Ltd.
Pitfield, Milton Keynes, MK11 3LW, UK
UKHW022143170726
13837UKWH00004B/1758

9 782019 966355